liefernummer/
158 039 247 0

lieferant/
semjon volkov

fuhre/
gedichte
in thermowagen

groß
küchen
sonette

www.tredition.de

© 2017; semjon volkov

Verlag: tredition GmbH, Hamburg

ISBN/
978-3-7345-5663-0 (Paperback)
978-3-7345-5664-7 (Hardcover)
978-3-7345-5665-4 (e-Book)

Printed in Germany

fuhre/

der hunger

der hunger
treibt es/
die gier
verschlingt es/
der geiz
behält es/
und trotzdem
muss man scheißen/

unbekannter Verfasser

steile milchküste

die großen beutel/
vierzig liter im ganzen/
verdammt schwer zu schleppen/
wie riesige weinschläuche ...
geschlitzt überm dunst von stärkemehl//

ich kippe und kippe - gegossenes elfenbein
ins zischende meer//
ich kippe die fontäne
durch verstopfte nebelhörner
und über die hänge der hitze
ins zeitalter der pistazie//

beginn zu schäumen/
beginn zu kochen/ blasser engel//
beginn zu brodeln und brodle brandend/
wo die kreidefelsen im kessel
den schneebesen erwarten//

das pulver der gastronomie
bindet meer/ fontäne und horn//

(2003)

8

zuckerguss

es regen sich
die fliegen//
es steigen auf
die fliegen//
es lockt der zucker
die fliegen//

die fliegen/ sie saugen//
die fliegen/ sie kleben//
die fliegen/ sie brummen//
und gehen ein
am frischen zuckerguss//

(2003)

vom schwarzen wäschemann

es rattert und klappert der wagen//
es schiebt sie bei/
die glatten stapel/
holt ab die verdreckten bündel/
der schwarze wäschemann/

(ein pfiff)/ so schlenkert der wagen/
rollen störrisch die räder//
es schiebt den wagen und lacht/
der schwarze wäschemann/

der wagen steht//
es streift über die handschuhe/
streift die handschuhe wieder ab/
der schwarze wäschemann/

es schrie natur//
schwing nieder dich
in dieses tollhaus/
sohn des jupiter/
und steig durch die unterwelt
mit dem zauber der leichtigkeit//

lass staunen die putzkräfte/
die maulfaulen bettenschieber/
die küchenbullen und breiweiber/
mit dem zwinkern der ewigkeit//

wo ist der kummer/
sind die sorgen?
Seht/ leute/ es kommt und nimmt
unsre schmutzige wäsche/
bis zum letzten fleck/
zum letzten schweißrand/
der schwarze wäschemann//

(2003)

e.b. mit seinem tropfen

ein andenken den blechen/
der dröhnenden öde/
dem rumpeln der unterwagen/ den müden füßen//
den deckel runter/ junge!
den Deckel runter!

ein andenken den töpfen/
dem verbrannten braten/
den schwitzenden köpfen/
den witzlosen witzen//
die alte frau glotz/
zwei warzen auf der f ...!

zu boden
fällt die schöpfkelle der wirklichkeit/
und der sie aufhebt/
kennt seine bestimmung//

Wenn man bedenkt//
diese roten ohren an roten köpfen/
diese abgeschleckten löffel
zwischen den kesseln/
diese nassen bleche
auf dem boden der topfspüle ...

die weltachse des augenblicks rotiert/
bringt den reifen tropfen
an der nase von e.b. zum schwanken//

da ist wieder die überzeugung/
hinein geblökt in den hirnkasten/
wie schnitte//

Oh mutter/ vater/ wie bin ich frei!
hier unten//
ich schmatze/ ich fluche/
aus dreck mach ich gold
wie heutzutage gängig/

Da/ steht e.b./
das alte schwein und schandmaul/
mein vorbild//
Mit seinen reifen tropfen an der nase
schneidet er munter
auf aufgeweichtem karton
gekochtes hühnerfleisch//

oh mutter/ vater/ das ist mein traum!
ein schwein unter schweinen/
ein schandmaul unter schandmäulern sein/
ein Mensch unter Menschen/
mit einem reifen tropfen
an seiner nase/
der schwankt/
doch niemals nie
zu boden fällt//

(2003)

13

brotgebet

Wie ich doch aß mit hoffnung/
aß mit trauer/
aß mit tränen/
aß in demut vor meiner herkunft/
dich/ du herrliches brot//

schon deine rinde
gab mir die kraft der titanen/
und deine krumme
ließ mich wunder sehen//

ich aß dich am morgen
und entdeckte den tag/
ich aß dich in not
und fand das leben//

ich aß dich noch warm/
du herrliches brot/
grub meine zähne
durch den bauch deiner erde
und war frei//

(2003)

sierra de marzipan

ich erwache am fuß der gemahlenen mandeln/
am fluss der rosengewässer//
es sammelt sich über mir die quelle/
verschneit mit puderzucker//
ich schabe an der schale des morgens/
entreiße den pfirsich der sonne
und streiche sein licht durchs sieb//

so klar/ so einfach ist das warten -
auf meister eisenarsch/
der mich anscheißt/
weil ich's wieder vermasselt hab//

(2003)

15

die schublade

Wie viel zeit hat man in dir versteckt?
lass sehen …
die kriegt man ja kaum auf//
oh/ ein angebissenes brötchen -
wie schön es schimmelt!
guck! da wohnt die brut/
die alte schlampe vergangenheit
schiebt alles ins exil/
was ihr gerade einfällt//
was noch? lass sehen!
eine dose trennfett/
ein bratenheber (mit verbackenen resten)/
eine breischale/
ein wetzstahl//
du hast noch platz!
na komm/ da stopf ich dir
noch meine faulheit rein//

(2003)

zu fressen

Oh großer beyin salatasi/
futter ist das fleisch/
gelöst von den knochen//
die kulis besorgen den rest/
leeren die müllkübel/

sieh/ der Schönheit wird die haut
im handumdrehen der garzeit
von den gliedern weg verdaut/

der spüler der topfküche
kennt das lied der substanzen/
singt ihr lied in hingabe
zu schmutzigen spülwasser
und alkalischen schäumen//

sieh/ hier ist die schönheit
nur eine verschwendete schweinshaxe/
vergammelt unter alten schwarzwurzeln//

so höre/ fresser/
was frisst wird gefressen//
so friss/ du fresser/
bis man dich frisst//

(2003)

apfelsinenschmerz

Sehnsucht apfelsine/
wie lange war ich hinter dir her?
wie lange mein messer scharf auf dich?
ich/ ein lehrling im obstsalat/
ein lehrling der süßen säfte/
für dich
ging ich durch die geschredderte zeit/
für dich
kroch ich durch den trichter der hoffnung/
für dich
bezwang ich die völker der blechschalen//

Aber du?

sehnsucht apfelsine/
nie hast du meinen mühe erwidert/
zu wenig
war dir das schneidbrett des lehrlings//

Und jetzt?
verbrannt ist mein pudding/
der obstsalat entsorgt//
behalt deine schale/
behalt deine frucht/
behalt deinen glanz
und deinen saft//

im garten der abgeschabten erkenntnis
wachsen die sauren trauben der wahrheit//
jetzt hau ich mir damit den wanst voll/
bis mir schlecht wird//

lieber kotz ich mir
durch eigene schuld
den magen aus/
als dass meine seele
an dir zerbricht//

(2003)

der topf

es röchelt/ es pfeift/ es lichtet
das brodeln den sengenden dampf//
auf einem floss aus karotten
gleiten wir/ in diesen topf geworfen/
einen moment durch die suppe der ewigkeit//

der große koch hat sein geheimrezept/
schüttet seine gewürze über uns aus//
eine prise begeisterung fällt nieder/
und wir glauben//
dazu eine messerspitze angst/
und wir sind gefügig//
noch ein teelöffel glück
fürs besondere aroma der seele//

der große koch hat einen langen Löffel/
heizt hoch/ lässt brodeln/
rührt um die suppe in diesem topf//
und wir reiten auf einer erbse/
im augenblick durch die ewigkeit//

(2003)

ein zimtgelübde

1

Oh zimt/ bewahrer/
schlemmbraun wie erde vom nil/
lass mich deine erleuchteten speisen kosten/
löffelweise gegeben/
löffelvoll
und als stangen
in glühenden glühwein//

ich gelobe ewige treue
dem apfelmus/
dem gedeckten apfelkuchen/
den duftenden zimthörnchen und - sternen/
die deinen segen des orients enthalten//
ich gelobe ewige treue
dem feinen zimt
im pudding und punsch/
erbitte das beben ceylons im kompott//

oh zimt/ die ebenen amazoniens erwachen/
die berge deiner alten heimat am yangtse
kehren zurück/
dort/ wo dich alle kassia rufen//
oder die wälder in cylons niederungen/
wo dich alle nur canehl nennen//

aber du hast viele namen/
musst sie tragen/
verstreut in alle winde
der nacht und des tages/
hast viele nasen/
jenseits deines zärtlichen z/
auf deinen Missionen
durch Küchen zu ertragen//
denn z ist zeit/
ist zuflucht und ziel/
ist zersetzung auf zunge/
isst z mit joghurt und zucker
im zerkratzen glas/
genug für zwei/
und verlangt noch nachschlag/
dieser fette hurensohn!

2

oh zimt/ bewahrer/
ich glaube an dein aroma/
verströmt im gezuckerten zimt
und gezimteten zucker/
einer staubrose zu lebkuchen/
die in kehlen/
karawanen und oblaten verweilen/
am punsch der oasen ihre erfüllung finden
und verschüttet
im schatz aus warmem milchreis
ihren frieden mit der göttlichkeit suchen//

oh zimt/
schlaflos rostbrauner sandelholztreiber/
am schirokko deines sternklaren arabiens
fing ich feuer//
gewähre mir eine begegnung/
dort unter den normadenzeltdächern
der schalen/
schüsseln und töpfe//

oh zimt/
mein tropischer freund/
zergeh in meiner schwärmerei
auf dieser gebrandschatzten zunge//

(2003)

schwerkraft

der nachschub muss rollen//
runter im aufzug/
rauf im aufzug//
der nachschub wird rollen//

die wagen sind beheizt//
schalt rauf im aufzug/
schalt runter im aufzug//
die wagen werden kalt//

jemand muss schieben//
fahr rauf im aufzug/
fahr runter im aufzug//
jemand muss ziehen//

die masse braucht ihren fraß//
leer runter im aufzug/
voll rauf im aufzug//
nie wird die masse satt//

(2004)

essenszeiten

aus löffel mach griesbrei/
aus messer mach brot/
mach kühlplatte und teller
am morgen zum frühstück
auf diese tabletts//

nimm lore,toni,branca … /
nimm ewigen kantenstoß/
bei uns nimm platz
als krummer rücken
an diesem fließband//

gib deckel zu stunden/
zu mittag gib neun/
am abend gib zwieback
als letzte fuhre
aus dieser küche//

(2004)

haselnüsse

mein alter alptraum/
gebrüht und abgeschält/
muss nuscheln im gusseisen//
mein alter alptraum/
jetzt trocken und reiner kern/
muss duften im gusseisen//

mach hin/ mach schnell/
und diesmal verbrenn mir nicht!
denn meister eisenarsch
steht schon und wartet//

im öl/ im glanz/ im schwall
prallst du vom uferlosen meer
gegen den nasenrücken der nacht
und kullerst über die mondsichel
in die kalte umarmung der sahne//

(2004)

die zeit der wasserkinder

Putzlappen/ schneidebrett
und abfalltonne/
in sekunden der einsamkeit
tropfnass von spülwasser
zur mittagspause//

das schmutzige schneidebrett/
zerschnitten vom grünen sinn/
hat der zeit in den bauch geboxt//
im einsamen kampf der wasserkinder
lehnt das brett an der gelben abfalltonne//

am fuß der eile hingeworfen/
liegt der gelbe putzlappen/
erwartet mit seinen resten von brokkoli
die rückkehr der wasserkinder//

(2004)

beim beizen

das rind ist zerlegt/
zerteilt sein bein//
es klatscht sein fleisch
in die lange wanne//

der lauch ist geschnitten/
gehackt die zwiebeln//
es fliegt das gemüse
zum fleisch in die wanne//

die gewürze sind gemischt/
zerstampft unterm blech//
es rieseln die gewürze
zwischen rohes fleisch//

der essig ist offen/
bereit der kanister//
es fließt der essig
übers zerlegte fleisch//

(2004)

femme tomate

1

femme tomate/
über deine Lippen
senkt sich messerscharfe versuchung//
an deinen titten schmilzt der mozarella/
und dein arsch/ nur das basilikum
kann diese kurve zum ursprung deuten//

wer darf dich erobern?
an deinen strunk?

aber was seh ich da?
hast du tatsächlich hemmungen/
vor mir in die knie zu gehen?
dein mann/ dein freund -
ach/ sie verstehen dich nicht?
sicher/ ich verstehe - und bedaure//
aber meine pasta kommt nicht in einen ofen/
in dem schon eine andere pasta überbackt//

2

nur im heißwässrig gebrühten kuss/
der dich kochen lässt/
im beisein von oregano/
der dich unterhält und lachen lässt/
ziehst du dich aus//

ja/ ja... bestimmt bekommst du
viele knoblauchzehen an schmeicheleien//
und wer dich versuchen will/
muss sein gewürz geschickt einsetzen ...

*denn an den schönsten Sträuchern
reifen bekanntlich auch
die eitelsten früchtchen//*

jetzt pass mal auf//
ich mach roh mit der rohheit/
der dummheit dunst/
aus küssen kunst/
verhex deinen arsch//
mit ein/ zwei priesen pfefferglut
zünd ich deine lust/
aber lass dich links liegen/
männerlos brennend/
prächtig/ aber unberührt
auf meinem tablett//

ich bin kein mülleimer/
keine fruchtpresse
und auch kein einweghandschuh//
ich bin …
ein sieb//
lass alles durch/ aber nichts hängen//

deine titten sind kein brot/
dein arsch kein gold//
titten sind auch nur puddig/
ärsche nur speck//

femme tomate/
der kleine küchenstift/
vom meister belehrt/
kennt deine zwiebeltränen
und dein faules rezept//

(2004)

komm runter in meine küche

als köchlein/ auch zur nacht
trag ich voll stolz den weißen kittel//
der tag versaut meine zuversicht/
die ich schwitzend am herd verfluche//
der kalte suff zur grundlosen feier
ist religion in meinem refugium//

hier treff ich auf alte puten und ochsen/
schneid namen in fleisch,
reib salz in wunden//
der kessel ist die heimat der kurzsicht/
die suppe in den abfluss gießt//
das studium verschwendeter nahrung
ist pflicht in meinem refugium//

die pfanne brennt dem mitgefühl
das zeichen der schwäche ins gesicht//
mit freude mobbe ich die schwachen/
nehme mir ein beispiel am dreck//
ein scharfes messer an den eiern
ist norm in meinem refugium//

(2004)

angerichtet

der erste/ der eintritt/
hämmert das licht ins haus//
der zweite/ der eintritt
empfängt die blaue ladung//
der dritte/ der eintritt/
eröffnet den tanz der kehlen//

dann beginnt der wettkampf
im rappeln/ schreien/ strampeln …
der hundert/ die das haus bevölkern//
die Räder quietschen/ es knattern maschinen//

zehn biegen wasser ins blech/
zehn fangen dampf in Truhen/
zehn pressen apfelsaft aus türklinken//

seht/ meister eisenarsch!
schon liegt er mit einem brüllen
vor neunundneunzig andern//

und erst der abend würgt das getöse
bis zum letzten hauch
zurück in die stille//
die nächste schicht
gehört den schädlingen//

(2004)

bankett fürs leben

(für e. b. , könig dieser großküche und maler)

kommt her/
wir laden euch ein/
ihr ewigen bettler und penner//
macht auf die kornkammern/
die türen zum reichtum//
hier sollen alle einen happen
zwischen die zähne kriegen//
erinnert euch an den sohn vom alten//
    heute/ leute/ verteilen wir den luxus!

hört zu/
ihr spießer und fettsäcke/
macht schluss mit dem überfluss//
haben wir nicht genug zu futtern/
um ordentlich zu scheißen?
ist der bauch nicht ein recht/
das für jeden gelten muss?
wie fett wollen wir noch werden?
    überlegt mal/ was wir alles fressen!

natürlich/
die welt ist nie gerecht/
und immer wird oben und unten sein//
aber was ist mit der waage?
und was mit dem richtigen maß?
muss denn mehr sein/ was genug ist?
fragt/ wie viel gramm wiegt die seele?
wie viel meter misst die nackte haut?
  wir/ der wohlstand/ sind satter als satt!

die lüge
liebt ihre falschen richter/
die heuchelei ihr verdientes recht//
in blinder gier jagen wir die sterne/
vergessen die gesetze der erde//
hört hin/ was wir so alles wollen …
noch mit vollem maul beklagen wir uns//
  kein hunger/ leute/ das ist wahres glück!

kommt ran
ans bankett/ ihr hungrigen/
schlagt euch die leeren bäuche voll//
denn heute zahlen die reichen//
der geist verfliegt/ die form zerrinnt/
besitz ist wertlos/ es zählt nur brot//
gebt ab/ gebt her/ ihr feinen leute/
        lasst ab und der tod lässt los!

(2004)

saueimer

Weg mit der soße/ dem salat/
weg die kartoffeln/ das fleisch//
die frauen entsorgen den schwindel
mit selbstgewissem eifer//

salat auf soße/
kartoffeln auf fleisch/
überfluss auf zweck/
verschwendung auf sinn//
frisch gekochtes entsorgen -
das ist programm//

mein bekenntnis der gastronomie/
geschmiert vom fett/
wenn die andere hälfte
täglich in den eimer wandert/
und der eingeweihte
für seinen erbärmlichen lohn
trotzdem dicht hält//

schwein dem Mensch
und Schwein dem Schwein//
es füllt sich der eimer
mit schlechtem gewissen//

so scheint es//
von außen//

aber stülpt man den eimer/
greift durch dreck und abfall/
sieht man von innen den grund//

mensch ist der Mensch
und ein meister vorm schwein/
übergibt dem schwein/
was er verschwendet//
aus schuld//
verschwendet das schwein/
dem er übergibt//
zum ablass von schuld//

(2004)

honigtropfen

tropfen von süßer sehnsucht/
tropfen von süßer lust/
tropfen von süßen gefühlen
tropfen durchs unbekannte lächeln
der tage/ monate und jahre//

tropfen von süßer schönheit/
tropfen von süßem glück/
tropfen von süßem leben
tropfen in verstohlener berührung
vom löffel der zeit//

ungeahnt/ unendlich
tropfen die tropfen/
abgeschüttelt/ abgezählt
tropfen die tropfen/
die du vom boden leckst//

(2004)

die kirsche

hier muss ich durch
und falle/
entsteint vom messer/
zergeh auf schwarzem grund
mit schneller hand
im heißen strudel//

und hier/ im strudel/
gefallen/ entsteint/ zergangen/
ersteh ich auf und diene dem leben//

(2004)

zunge und nadel

ich öffne mein maul/
spucke mit glühenden worten
brandlöcher in die haut der hoffnung//
und kein wasser löscht den brand/
der auf meiner zunge tobt//

die luft bläst meinen mais/
immer stärker/ immer mehr/
schürt in blindem eifer
den käse kindischer leidenschaft/
bis die letzte wolke verbrennt//

so stürze ich/ verstumme/
mit asche und brandblasen im maul
erwache ich aus meiner hitze/
umarme die offene schere der zweifel/
krieche zurück ins kalte gericht//

erst die engel der erde
trocknen mit ihrem brot meine tränen//
und ich greife zur spicknadel/
durchbohr mit ihr mein herz/
schließ ab mein maul/

(2004)

40

von der tortenesserin

ein fetter leib/
gepresst in den blauen kittel der putze/
die nackten füße
mit rauen sohlen in sandalen/
und was für ein appetit!

sie isst einsam//

da hockt und frisst/
da schaufelt und mampft im aufenthaltsraum/
die fette unglückliche lore/
zum frühstück drei stücke torte//

sie isst einsam//

das exil der schlagsahne
ist stoff der fetten träumerin/
ersetzt die zerschlagenen hundert
und ein fenster ihrer wünsche//

sie isst einsam//

hinter abgetragenen bergen von torte/
versiegten seen aus zucker/
hört man das unersättliche geschmatze
der unglücklichen frau//

sie isst einsam//

lore ... /lore!
wie viel schokolade/
futter der enttäuschten/
brauchst du noch?/
zum trost deiner trauer/
zur besinnung der würde in deinem leib?

(2004)

guten morgen, welt!

Wir kippen den tag
mit stinkenden abfallsäcken
über die klippe des morgens//

die quietschenden wärmebehälter
weinen den alten trott//

wir quetschen die schuld
mit groben worten
aus den spritzbeuteln der not//

die teller klirren im licht
das lied der ergebenen form//

wir pissen harte arbeit
mit frischen plastikhandschuhen
über die sauren gesichter//

lasset die bänder rollen!
kochen die töpfe!
die spiele beginnen!

(2004)

freispruch vom jüngsten gericht

Wer bist du?
fragt
das schmutzige backblech den abspüler//
und der abspüler/ mit verschwitzer visage/
den schlauch in der hand/
antwortet:
wasser

wie lebst du?
fragt
das fließband die küchenhelferin//
und die küchenhelferin/ mit faltigem maul/
die kelle in der hand/
antwortet:
weiter

was tust du?
fragt
das verschmierte messer den koch//
und der koch/ mit rotem kopf/
die hand am schwanz/
antwortet:
grau

der alte e. b./
mit kugelbauch und schlaffer fresse/
drückt seinen langen hodensack
in den sattelhocker/
reibt mit seinem daumen
einen klumpen butter
ins aufgerissenen brötchen
und ruft:
abschminken!

(2005)

das gesetz der zitronen

Pass auf/
das hier ist   nichts für Jammerlappen/
kein ponyhof/
rosinen picken oder blüten zupfen//

und bevor du hier reinkommst/
dir selbst in den arsch beißt/
muss ich dich warnen:
hier gilt nur das erste gesetz/
das gesetz der zitronen//

ich schmeiß dir ofentüren ins kreuz/
hau dir eisenstangen ans schienbein/
verdreh dir den arm//
ich stauch und quetsch dir die finger/
verbrenn dir die pfoten//
ich lass dich schuften/
bis dir die arme abfallen//
Und wenn dir die zunge zum hals raushängt/
befehle ich: essig trinken!

ich schneide dir ins fleisch/
verbinde dich/ schneide wieder/ tiefer/
und lass dich bluten//
ich schütte dir heißes fett in die schuhe/
lass dich tanzen/
drück deine hand in kochendes wasser/
lass dich klatschen//

ich kenne keine gnade
mit den unwilligen und selbstgerechten/
den achtlosen und arroganten//
und wenn du nicht spurst/
stopf ich dich in den fleischwolf
und mach dich unter die wurst//

denn ich/ zitronenpresse/
presse und sammle den schmerz/
der innen von außen trennt//
nimm hin/ geh in die knie
und schluck den bitteren saft//
das ist das erste gesetz/
das gesetz der zitronen//

und glaube mir/
ich bin nur das erste gesetz//
überstehst du mich/
fällst du unters nächste gesetz//
und die gesetze/
die nach mir kommen/
sind viel schlimmer und grausamer als ich//

dort kauft man dich und lässt dich fallen//
dort gibt und nimmt man dir alles//
dort küsst und dort verrät man dich//
dort frisst man dich/
verdaut/ was man brauchen kann
und scheißt dich aus//

du hörst/
ich nehm' kein blatt vors maul//
du merkst/ ich lüge nicht//

so/ noch immer lust hier reinzukommen?

(2005)

48

der nelkenpakt

hör zu/ strauch des kreuzes/
erstarrt zur getrockneten träne//
als zeichen für diesen vertrag
nehmen wir deinen stillen stängel//
als kodex für die ordnung der dinge
deine spitze knospe//

auferstanden aus diesem topf/
mit tiefer und klarer gewissheit
stehen wir/ die köche der tafelrunde/
vorneweg meister eisenarsch/
im dienst deiner gemeinschaft//

so werfen wir dich in diesen topf/
schneiden uns die zungen ab/
stechen uns die augen aus
und durchstoßen uns die trommelfelle/
verschließen sicher unser wissen//

kein misstrauen/ kein zweifel/ kein neid
soll jemals diesen topfdeckel heben//
kein despot/ kein guru oder diktator
je von der macht des chaos kosten/
die verkochten abgründe in uns wecken//

(2005)

gleichnis von der katze

man kann die luft portionieren/
frühmorgens/
unten im aufenthaltsraum//
wenn der rauch der helden aufsteigt/
rüstet man zum kampf der bäuche//
Die küchenweiber schwatzen/
unverblümt/
anzüglich/
vom krebs an ihren eierstöcken/
während huckepack rolf
in der ecke hustet//

das wissen hat vergilbte pfoten/
trägt die uniform der masse//
verschwiegen raucht das wissen
im geschwätz den schwanz
der verachteten katze//

oben in der kantine/
sitzt bei offener balkontür
und vogelgezwitscher
der wachsame manager/
trägt die uniform des käufers//

die macht
frisst mit langem löffel
erdbeermarmelade auf schwarzbrot//

die macht krümelt/
mit bedacht/
hat lange nasen an der kaffeetasse/
unerkannt//

die macht
lässt sich bauchpinseln
von den abteilungsleitern/
baut vor und lächelt verschwiegen
das wissen der verachteten katze//

(2005)

vanillus

brüder/ schwestern/
    als schäbige schote/ kohlenschwarz/
  komm ich euch unter die augen und nasen/
  bin der verdurstende prophet in lumpen/
 der euch ins gelobte land der düfte führt//

brüder/ schwestern/
    ich bin schlicht/ meine Worte einfach/
  aber kratzt ihr das mark aus meine schote/
    ich schwöre euch/ dann … befreit
   fahrt ihr meiner verkündung entgegen//

brüder/ schwestern/
         wer von euch nasen braucht
      das pfefferminzblutende büßerhemd?
 will denn billigen lorbeer oder orangenblüten
                  riechen?
   mit einem einzigen atemzug steige ich auf/
   schenk euch nasen die befreienden krümel//

brüder/ schwestern/
   macht auf das maul/ macht zu und schluckt/
   ihr zweifler/ berührt mich/ es ist wahr//
     im schall seiner gelben saxophone
   hat gott orchidee mich euch geschickt//

brüder, schwestern,
   steht endlich auf und putzt eure nasen,
   zurück ins glas mit den falschen gewürzen,
   niest aus die lockenden currygötzen
   betet nicht mehr zum eitlen lorbeer.

brüder/ schwestern/
entschuldigt/ aber vergesst sankt muskatnus//
   wer einmal auf meiner schote reitet/
     riecht mit jedem hufschlag
   erde/ sonne/ mond und sterne//

brüder/ schwestern/
   die uhr an der wand hat ausgedient/
gekocht sind die eier/ die schalen im müll//
den gestank von alten bratfett hinter uns/
sind wir im gelobten land der düfte//

(2005)

am herd

1

Wenn ich je durchs nichts
aus eisen/ sumpf und feuer stolpernd/
die besten fleischstücke
in den ölwogen des feuers verbrennen ließ/
zum nachtisch/ hübsch garniert
mit verfaulten früchten
auf verbeulter silberplatte
die sünde erfand/
im widerschein geraspelter gaumenplaneten
den schrei der hautlosen mandeln
in wasser stocken ließ//

was für eine lust ist es dann/
links und rechts
der pfeffergeschmetterten abgründe zu stehen/
dem schicksal dabei in die fresse zu lachen//

ists bitter - mach sahne dran/
ists verbrannt - mach sahne dran/
ists scheiße - mach sahne dran
und alle welt frisst es//

der saft der ruhmlosen zitronen
tropft auf dauer ein loch in meine seele//
die boshafte kugel der blaubeere
durchschlägt jeden morgen von neuem
meinen zuckenden herzmuskel//

bis mein verstand gehackte zwiebeln blutet/
das wachgerüttelte messer
nach schwarzer milch verlangt//
wie ein welpe nach der zitze//

ich trinke/
schneide der liebe die kehle durch/
ich rülpse/
schlitze der schönheit den leib auf/
ich kotze/
haue der würde den kopf ab//
und hinterher wisch ich die kotze auf/
spül mir das maul aus und gehe frühstücken/
wie jedermann//

der schiss muss raus//
rasiermesserscharf durchtrennt:
zitronen sind kein honig/
scheiße keine schokolade/
die welt kein früchtepunsch//

wie kann ich nur
den langen sinn des käse finden?
wie kann ich nur
das schnelle glück der banane vergessen?

ach/ soll das salz der bekenntnisse
doch über die feuchte schulter
der zeit fliegen//
soll der gläubige mit diesem salz
doch die wunde
der ewigkeit pökeln/
an der er sich mästet//

aber das gemeine/
verwundet von seiner geburt/
fragt nicht nach den schwingungen der gabeln/
nicht nach zerbrochenen tassen/
nicht nach rezepten//

endlich ist alles vorbeireitet/
fürs menü der massen//
hier die schüsseln/
dort die schalen//
alles kocht -
hundert liter suppe/
hundert kilo fritten/
tausend schnitzel//

vorwärts/
kurz vor zwölf//
vorstoß für die tausend bäuche//

wieder mal/ mal wieder krieche ich
aus der nussschale der seligkeit/
springe vom klingenrücken der zeit/
stehe/ erwachsen/
zum trost einen lutscher im maul/
stehe/ verwirrt/
das weltall in der hosentasche/
das hirn voller rosinen/
stehe am herd//

2

ich bin ein reisender
aus dem republik der pilze/
fahre über die gerade des wetzstahls/
während über mir wolken
aus explodierendem muskat niedergehen//

es scheppern die behälter
im gelächter der graupen//
es steigt der druck
im grauen geheul//

3

achtung, dampf ablassen!

ich hisse mein segel
in der majonäse/
zwei löffel/
rudere durch den senf/
drei löffel weiter/
tauche durch backmassen/
mit vier löffeln stärke/
halte dankbar die fahne der industrie//

mit lustloser fresse rotze ich
den roten hahn der tomatensauce
in blechschalen/
pack die stunden bei den eiern/
schlittere über den verkleckerten regenbogen
aus soße und spinat//

alles für euch!

gepriesen sei der tau gezuckerter tage/
gepriesen die stunden
ohne das gift der wahrheit/
gepriesen die lust im geschmacklosen brei//

jetzt ist der richtige augenblick//
die dämme brechen//

mit einem spieß
schlage ich die entkernten werte
an die scheißhaustür der erde/
schmiere/ dabei rücksichtsvoll und sanft/
mit einem berg aus butter/
die arschlöcher dieser welt//

ich laufe/
durstig/
schnell/
stopfe im laufen
eine schaufel voll paprikapulver ins rohr/
durstig/
lass laufen zwei liter öl/
hinterher/
für hundert halbe hähnchen
zum dämlichen pensionistenfest//

achtung!
ich feure/ in zeitlupe
meine verschwitzte und geritzte ladung/
die im scheppernden backblech
die arme sau von abspüler trifft//

nicht mehr lange - lange - lange//
es geht auf nachmittag//
ich hör' schon
das plätschern der großen spüle/
seh' die ersten putzlappen//

4

bald schickt mich der herd
zurück in die dunkelheit/
trägt der rettich der trauer
die abfälle zur letzten ruhe//

auf der anrichte des lebens
wende ich ein letztes mal den blick/
sehe/ vom trott zerfressen/
die visagen am band/
sehe die küchenbullen stoßen/
die weiber werfen//
sie sterben den eisernen tod
der heber und schöpfkellen//
wie ahnungslose kinder//

wollt ihr nicht kommen/
ihr unbekannten mächte/ mit mir
die pfeffergeschmetterten abgründe
besichtigen?

ich habe noch zwei strohige zitronen
und einen löffel verdorbene sahne//
in die zitronen dürft ihr beißen/
die sahne lecken//

nichts ist bitter/
nichts verbrannt oder scheiße/
mit einen einzigen krümel
von freiheit am mund//
der tag ist um/ mach sahne dran/
ich komme wieder//
mit Freude/ bring Sahne mit//

(2005)

Zeitfracht Medien GmbH
Ferdinand-Jühlke-Straße 7
99095 Erfurt, Deutschland
produktsicherheit@kolibri360.de